NOELS PERCHERONS

ÉTUDE SUR UN MANUSCRIT ENLUMINÉ

DE 1608

LUE A LA PREMIÈRE SÉANCE PUBLIQUE

DE LA SOCIÉTÉ PERCHERONNE D'HISTOIRE ET D'ARCHÉOLOGIE

A MORTAGNE, LE 1er OCTOBRE 1901

Par M. l'Abbé GODET

Curé du Pas-Saint-Lhomer

Correspondant national de la Société des Antiquaires de France

BELLÊME

IMPRIMERIE DE GEORGES LEVAYER

1902

NOELS PERCHERONS

'est, il me semble, une heureuse idée en même temps qu'une bonne fortune, pour cette société naissante, que de lui présenter aujourd'hui un document d'un genre nouveau, je dirais inconnu en ce pays, et ainsi de lui permettre d'ajouter une nouvelle page à l'histoire littéraire et artistique de cette province. Ce ne sera certes pas un travail banal que d'étudier ce charmant recueil de Noëls locaux dont l'enluminure si délicate et si brillante jointe à la plus naïve poésie nous a conservé un souvenir si frais encore de nos aïeux du XVIᵉ siècle.

A lire ces Noëls qui parlaient tellement bien le langage du peuple, tout en célébrant le plus poétique et le plus touchant des anniversaires, on se reporte malgré soi dans ces intérieurs d'églises trois fois séculaires où le grand évènement est célébré par des représentations figurées et vivantes ; ce ne sont que crèches ou étables, groupes de bergers ou de mages, ce ne sont que Noëls chantés à l'unisson dans un de ces gigantesques ensembles qui font trembler les voûtes de pierre, scènes dramatiques d'un caractère semi-liturgique où l'élément profane tend peu à peu à s'infiltrer ; scènes dont la vraisemblance est si bien gardée que parfois les acteurs se croient réellement transportés dans la crèche de Bethléem, qu'ils en emportent les dernières impressions au sortir de l'office avec une joie bruyante, expansive, et que lorsque bientôt réunis devant le tronc d'arbre entier qui brûlera dans l'immense cheminée, ils auront festiné et se seront réjouis, nous entendrons encore les retentissants échos de ces vieux Noëls, de ces vieux cantiques populaires que tous, érudits ou non, nous sommes si heureux de recueillir, de reproduire et aussi de chanter avant qu'ils n'aient disparu sous les coups et les derniers outrages du temps (1).

Les Noëls, en effet, et on nous permettra cette réflexion, n'ont pas, contrairement à ce qu'on pourrait croire, été créés exclusivement pour l'église ; on les a chantés sous le manteau de la cheminée, aussi bien que dans les réunions publiques et presque toujours sur des airs absolument mondains ; la foi simple et franche de nos pères ne voyait rien d'inconvenant à mêler les louanges de la Vierge et du Christ aux conversations vives et animées des assemblées et des fêtes des familles. Aussi le Noël n'est-il au fond que la chanson pieuse introduite à l'église comme chant toléré.

« En ma jeunesse, dit un écrivain du xvıe siècle, Estienne
« Pasquier, dans une citation connue, c'estoit une coutume
« qu'on avait tournée en cérémonie, de chanter presque tous
« les soirs et en chaque famille des Nouels qui estoient chan-
« sons spirituelles, faites en l'honneur de Nostre Seigneur.
« Lesquelles on chante encore en plusieurs églises pendant
« qu'on célèbre la grand messe le jour de Nouel, lorsque le
« prestre reçoit les offrandes ».

Les airs de ces Noëls, nous venons de le dire, étaient chantés sur des airs de chansons connues, souvent peu morales ; le but était de faciliter ainsi au peuple le chant de ces cantiques reli- gieux faits pour lui et de lui faire oublier les paroles trop ris- quées des chansonniers ambulants. C'est ce que se proposa François Colletet en publiant vers 1660 ses Noëls nouveaux.
« Je me suis advisé, dit-il dans l'avant-propos, pour faire passer
« les advents qui approchent, de convertir ces chansons de disso-
« lution et de débauche que l'on dit tous les jours dans la ville
« de Paris, en cantiques de piété, afin que ceux qui ont offensé
« Dieu par le chant mélodieux de ces airs, se servent des

_____

(1) Léon Roques, organiste à Saint-Pierre de Chaillot, a publié quarante Noëls anciens, tirés de la *Grande Bible des Noëls*, édition de Troyes, 1630, des *Cantiques* de l'abbé Pellegrin, 1711, des *Cantiques spirituels* de Lottin, 1727, et de la *Grande Bible des Noëls angevins*, 1750, avec musique recueillie et transcrite pour orgue. (Paris, Durand et Fils, 1897).

« mêmes airs pour le louer et pour reconnaître en même temps
« leurs crimes ». Il arriva que cette combinaison fit aimer et
rechercher les Noëls et que l'on finit par ne plus compter les
poètes d'occasion, qu'on nous permette d'abuser de ce nom,
qui chaque année fournirent des pièces nouvelles faisant
oublier et disparaître les anciennes ; c'est là une des raisons
pour lesquelles les Recueils des xvıᵉ et xvııᵉ siècles sont devenus
si rares et pourquoi aussi nous sommes plus heureux de vous
signaler notre *Recueil Percheron*. Vous nommer tous ces poètes
d'un jour, aujourd'hui oubliés, serait tâche difficile, pourtant
les noms de quelques-uns sont parvenus jusqu'à nous et parmi
les plus connus du xvıᵉ siècle : Lucas Lemoigne (1), Jehan Chappeau (2), Jehan Daniel, *maître Mitou* (3), organiste à Angers,
Samson Bedouin, Crestot, Jehan de la Villegontier, Nicolas
Martin, Jehan Porée, maître Briand du Mans, Laurent Roux,
Michel Tornatoris, organiste à Avignon et notre comte d'Alsi-
nois, autrement dit Nicolas Denisot dont nous parlerons ample-
ment, et tant d'autres qui assimilèrent à leurs provinces les
Noëls de leur composition ; tels les Noëls Bizontins de Chrestien
Prost et François Gauthier, les Noëls du Velay de Cordat, les
Noëls Provençaux de Saboly, Peyrol et Crousillat, les Noëls
Toulousains de Plomet, les Noëls nouveaux du Béarn, les Noëls
nouveaux en français et en auvergnat, les Noëls Angevins,
Bressans, Limousins, Dauphinois, les Noëls Bourguignons de
La Monnoye et tant d'autres, sans compter les *Noëls Perche-
rons* dont nous vous offrons les primeurs (4).

Messieurs, le manuscrit qui nous les a conservés a eu son
odyssée, je n'ai pas le droit ni d'ailleurs le temps de vous en
parler. Semblable au pigeon du grand fabuliste, il a voulu sortir
du nid où il était si choyé et courir le monde ; il y a laissé des

(1) Réédité à 25 exemplaires par le baron Pichon.

(2) Réédité par Picot, en 1878.

(3) Publiés avec étude par Chardon. — Daniel Mitou signe souvent « *Mitis
sum* » Je suis doux. (Note de M. Ballu, conservateur des hypothèques à
Mortagne).

(4) M. Christophe Allard, avocat à Rouen, a publié par les soins de la
Société des Bibliophiles Normands, des Noëls Normands avec musique
gravée, introduction et notes d'après deux manuscrits appartenant à M. le
marquis des Roys, dont un exemplaire a été déposé à la bibliothèque
d'Alençon. (*Grand in-12 de luxe XXXIII. — 300 pages. 1893. — Chez
Cagnard, imprimeur, Rouen. Tiré à 50 exemplaires*).

plumes, des pages si vous le voulez, et après bien des vicissitudes, il est rentré là d'où il n'aurait pas dû sortir, et il y est de nouveau entretenu, soigné, caressé, je dirais presque gâté, mais, trop vieux, il ne pourra plus repousser les plumes qu'il a perdues. Cet oiseau si rare dont le plumage eut dû nous faire admirer cent quatre-vingt-dix-sept plumes de la plus belle tournure et du plus beau coloris en a perdu près de soixante ; malgré cet accident il nous semble beau encore ; malheureusement c'est l'aile principale qui a le plus souffert, c'est-à-dire, et quittons ici notre comparaison, la partie des Noëls, des enluminures, des initiales et lettres filigranées ; la seconde partie ne touche l'art que sous le rapport musical, mais la poésie plus idéale, œuvre d'hommes connus, lui donne un attrait que nous ne trouvons pas dans la littérature des Noëls de la première partie du manuscrit. Ici ce sont les idées naïves, gracieuses parfois géniales et là ce seront les mêmes idées mais avec un tout plus littéraire, plus poétique. Nous devons consacrer une page à l'étude de ces deux parties d'un manuscrit inconnu et plein d'intérêt local.

Les Noëls sont au nombre d'environ cinquante dont quelques-uns, tronqués par la disparition des feuillets ; nous devrions en posséder près d'un cent ; mais quel plaisir nous a procuré la lecture de ceux qui nous restent ? Quels sentiments divers ne nous a-t-elle pas inspirés ? Foi primitive qui remonte à celle des premiers bergers, soutenue par une espérance qui illumine chacune de ces poésies, réchauffée par un cœur ardent qui anime tout le chant lui-même. Ne cherchons ici, Messieurs, ni la rime ni la mesure, n'y voyons que l'idée religieuse, que le sentiment du cœur ; et, si nous y voulons trouver la plus juste note des mœurs de l'époque, l'empreinte du langage et de la pensée populaires, prêtons l'oreille aux échos d'une nuit de Noël du xvie siècle et avec nos poètes de l'époque et leurs naïfs personnages passons une heure de cette nuit mémorable du 25 décembre dans l'une de nos églises percheronnes, si vous le permettez, dans celle de Notre-Dame de Nogent-le-Rotrou ; aussi bien y a-t-il en cette église et dans la chapelle de la Vierge une bien curieuse crèche de l'époque que chaque visiteur étudie et admire et devant laquelle, à n'en pas douter, nos bergers se sont maintes fois agenouillés en chantant leurs pas-

JEU DE PASSE-PASSE ENTRE BERGERS ET BERGÈRES

Reproduction d'une miniature placée à la fin du septième Noël
du manuscrit. (D'après une photographie de M. l'abbé Godet.)

tourelles (1). Toujours est-il qu'en cette nuit où nous les suivons, tous ceux de la contrée ont été convoqués ; ils sont venus en joyeuse escorte et peu d'entr'eux sont restés infidèles au rendez-vous, mais leur en a-t-on fait un vif reproche et a-t-on voulu que leur nom passât à la postérité.

> *Les pastoureaux de Souencé*
> *Bien tost en sceurent les nouvelles ;*
> *Ceux de Charmont ont appelé*
> *De Pierrefixte aussi Brunelles*
> *Une compagnie sy très belle ;*
> *Jésus-Christ vindrent adorer.*
> *Les moynes d'Arcisses appellent*
> *Pour les venir accompagner.*

> *Et où estoient ceux de Margon*
> *Condé, Condeau et la Brière ;*
> *Une grande procession*
> *Y vindrent faisant bonne chère.*
> *Mais la paroisse de Verrières*
> *A appellé ceux de Dancé,*
> *Berd'huis, qui portoit la bannière,*
> *Mais elle alloit trop de costé.*

> *Quand ils furent tous assemblés*
> *C'estoit une chose divine,*
> *La dedans eussiez ouy sonner*
> *Cheurettes, flageaux et busines.*
> *Ceux de Marne avaient des guines*
> *Qui luy en vindrent présenter,*
> *La Rouge qui disait matines*
> *Qui triomphait de gringlotter.*

(1) Au premier plan de la scène se trouve l'enfant soutenu par un ange, un second est à ses pieds, un troisième derrière entre la Vierge et saint Joseph ; huit personnages dont trois bergers forment le fond, l'un portant un mouton et un quatrième cette pancarte où on lit : « *Parvulus natus est nobis et filius datus est nobis* ». En avant, deux personnages couronnés dont l'un joue de la harpe, puis enfin et sur le premier plan, deux autres qui peuvent être des prophètes. Tous ces personnages mesurent de 0ᵐ60 à 1 mètre.

Les voulez-vous connaître, au moins quelques-uns, ces joyeux pastoureaux, c'est Jacquet, Jamin, Lucas, Robin, Girard, Collinet, Huguet, Guillot, Mullard, Tallebot, Jeannot, Pierrot, Trigot, Guilloteau, etc. Quels noms et comme ceux qui les portent ne doivent point engendrer mélancolie ! Aussi n'ont-ils pas manqué de prendre leurs flageolets, leurs chalumeaux, leurs busines et leurs bouteilles dans lesquelles ils soufflent « peur des loup ».

> *Je fis très belle iournée*
> *Quand i'achetay pour tout vray*
> *Ceste bouteille avinnée*
> *A la foire de Guibray.*
> *J'en payai sans rien rabattre*
> *Trois bons soulz*
> *Que le moing elle en vault quatre.*

Quand l'évènement leur fut annoncé les uns dormaient, les autres chantant ou jouant, gardaient leurs troupeaux, le messager d'en haut arriva, il ne dit qu'une parole et, rapide comme l'éclair, son message parvint à l'oreille de tous :

> *Je m'assis sur le muguet*
> *En disant de ma flageolle*
> *Et mon compagnon Huguet*
> *M'y répond de sa pibolle.*
> *Arriva un ange du ciel qui volle*
> *Disant joyeuse parolle*
> *Dont je fus joyeux et beau nau nau.*

> *Avez-vous presté l'aureille,*
> *Dictes, gentilz pastoureaux,*
> *A ce chant, douce merveille*
> *Des angéliques oiseaux ;*
> *Tant est doux*
> *Que mon cœur de joie en volle.*

> *Haut l'oreille !*
> *Plus n'est temps que l'on sommeille,*
> *Pastoureaux,*
> *Attraquer vous fault musettes*
> *Busines et tabourins (1).*

____

(1) Busine dérive du latin « buccina » trompette, tabourin pour « tambourin ».

Et chacun d'aller prévenir et chercher son compagnon :
« *Voici, Robin, voici la feste, esgayons-nous, qui ne chante à*
« *pleine tête est trop rebours* ».

Je me suis levé par un matinet
Que l'aube prenait son blanc mantelet,
J'ai pris ma jaquette et mon hault bonnet
Et mon court manteau de gris violet,
Je m'en suis allé chercher Collinet
Qui se promenoit en son jardinet,
Que faicte vous là, gentil garçonnet ?
J'escoute, dit-il, le rossignolet ;
Jamais ie n'ay ouy chant si doulcelet.
— Ce n'est rossignol ni aultre oyselet
Mais du ciel empiré un sainct angelet
Qui dit en son chant un cas nouvelet :
C'est qu'en Bethléem nous est né Naulet
Et que nous allions voir l'enfantelet.
J'ai prins mon tambour et mon flageollet,
Colin sa viole et son archelet ;
Les autres bergers vindrent au ballet.
Dieu veuille sçavoir comme tout alloit !
Le ballet fini partimes d'illec
Et allasmes voir le petit douillet
Que sa mère couche en un drapelet.
Chacun présenta son don jolliet :
L'un de la farine et l'autre du laict ;
Puis, recommençant un autre couplet,
Nous prenons congé du sainct agnelet.
Chacun s'en retourna à son troupelet
Chantant Naulet Noel Naulet
Chantant Naulet encore.

Aussi sont-ils partis, et gaiement je vous assure.

Bergers dansons un rire gay,
En riant tout en riant,
Bergers dansons un rire gay
Pour Marie et son Enfant

Hier au matin m'y levy ;
Bergers, dansons un rire gay,
Vers Bethléem m'en ally
En riant, tout en riant.

Et il faudra marcher vite, courir jusqu'à en perdre haleine, arrière qui ne pourra marcher ou n'avancer qu'en boitant.

J'y courry de telle roideur
Que ma langue devint seiche.
Marches devant, pauvre Mullard,
Et t'appuye sur ton billard,
Meschant cagnard, vieil lorignard.
Tu deus avoir grand honte
De rechiner ainsi des dents ;
Je n'en tiendroi point compte
Sinon devant les gens.

Comment Guillot ne viens-tu pas ?
Ouy, je vais tout l'entrepas ;
Tu n'entends pas du tout,
J'ay aux tallons les mulles,
Pourquoi ie ne puis pas trotter ;
Prises m'ont aux froidures
En allant tracquier.

Et puis :

Jamin s'en venoit
Après boistignant
Lequel amenoit
Sa mye quant et quant.

Mais déjà les plus alertes sont arrivés vêtus de leurs plus beaux habits de fête, de leur jaquette de velours, de leur manteau de gris-violet et coiffés de leur haut et large bonnet.

Prendre vais mes larges manches
Et chappeau viollet
Et ma cotte des Dimanches.

> *Songe-Creux a pris son mantel*
> *Pour aller voir le roi nouvel,*
> *Robin a pris sa iaquette*
> *Avec son large bonnet.*

Et tous sont entrés respectueusement laissant à la porte et leur enjouement et leur folle gaieté, car si l'évènement est gai en lui-même, n'éprouve-t-on pas quelque serrement de cœur vis-à-vis du spectacle qui s'offre aux yeux ? Ils ont trouvé « Marie d'honneur, de vertue remplie, de corps gracieux, *ah !* « *elle n'était pas dedans un chateau ni une tour, mais dedans* « *une logette où il n'y avait point d'atours* ; pourtant elle estoit « grande dame ; et le pauvre enfantelet, le petit *Douillet,* « comme ils l'appellent, il est couché dans la craiche entre « le bouvet et le hin ha » (1).

> *Pas un linge blanc*
> *Ny un drap de soie,*
> *N'estoit tendrement*
> *Pour acquérir ioye,*
> *Mais il reposoit*
> *Son doux corps humain*
> *En la craiche au bœuf*
> *Sur un peu de foing.*

> *En un logis tout seullet*
> *Sur du foing mis en litière*
> *I ay vu un roi nouvelet*
> *Sans varlet sans chambrière*
> *Plorant en telle maniere*
> *Qu'à tous il faisoit pitié ;*
> *Je vys l'enfant sur un coussin*
>   *De belle paille ;*
> *Velours cramoysi ni satin*
>   *Pas une maille*
> *Il n'y avoit fors qu'un petit de foing ;*
> *L'enfant crioit, je crois qu'il avoit faim.*

(1) *Hin ha, hi han,* onomatopée rappelant le braiement de l'âne.

Qu'il se console, nos bergers ont pensé à son dénuement,
ils lui apportent des jouets, des présents, des friandises.

> *Je luy donne un vray don,*
> *Mon billard et ma pelotte,*
> *Et Guillot mon compaignon*
> *Sa houlette et sa maillotte.*
> *Jehan Champeau iouoit de sa pibolle,*
> *Nous dansions tous à la notte*
> *Pour l'amour du Roi*
> *Pour l'amour du Roi nouveau.*

> *Jacquet lui donna*
> *Sa flesche et sa fleuste*
> *Et aussi son arc*
> *Et sa cornemuze.*

ᴀᴍɪɴ (1) lui apporte une galette pestrie au fromage et sa mie des oiseaux rôtis, Symon lui offre un gras agnel, Martin un petit pot plein de miel. Celui-ci des tourteaux, celui-là du fruitage, un autre de petits gâteaux, Isabelle lui présente un oiseau dans une cage.

> *Chacun sy faisoit*
> *Du mieux qu'il pouvoit*
> *En l'advénement*
> *Du roy nouvelet.*

Naïve cordialité que le « petit enfantereau » accueillera avec
autant de grâce que l'or et l'encens des majestueux princes
d'Arabie. Comment ce petit Naulet n'accueillerait-il pas en

(1) Le dessin des cinq lettres ornées que nous insérons dans cette étude
est dû à la plume de M. Tournoüer, qui voudra bien agréer nos vifs remer-
ciements. Ce dessin est fait sur des photographies que nous avions prises
de quelques lettres dont la beauté nous a particulièrement frappés. Il va sans
dire que ce dessin malgré son extrême finesse et sa fidélité de reproduction
ne donne qu'une faible idée des miniatures du manuscrit, de même que les
photogravures. Les lettres, entr'autres, sont beaucoup plus ornées dans le
manuscrit; ici on n'a dessiné que la lettre elle-même, en laissant la majeure
partie de son encadrement.

même temps la prière de ces dévoués pastoureaux ? Aussi ne se
retireront-ils pas sans lui avoir parlé le genou en terre.

Nous prierons d'une alliance
Le pasteur des pastoureaux,
Ce roy de toute puissance
Qu'il nous garde nos aigneaux
De ces vieux loups et louveaux
Qui sont en la prairie de France
Les mettant en four chaud
Et nous en paradis là-haut.

Gardons son sainct commandement
Et sa volonté divine
Por ainsi facilement
Nous oste de la ruyne
Et des ennuis très cuisans
Qu'avons eu depuis quinze ans (1).

Or, prions qu'en nostre France,
Dieu nous envoie la paix,
Que puissions en patience
Tous le servir désormais,
Monseigneur le prince après.
Dieu le garde par sa clémence
De fortune et de péril
Et nous, ses subjets, aussi.

Faisons luy très grand honneur.
O vous, Messieurs de Vibraye,
Allons à lui de bon cœur
Et d'une conscience vraye
Prions cet Emmanuel
Nous donner un bon Noël

(1) Nous insérons ce couplet à dessein, parce qu'il concorde assez bien
avec les deux dates indiquées à la fin du vingtième Noël : « *Finis 1608* »,
et du trentième : « *Finis en l'an 1608* », année sinon de la composition de
nos Noëls au moins de leur copie dans le manuscrit de Moutiers ; on fait
allusion ici, comme en d'autres endroits, à l'époque troublée des guerres de
la Ligue. Notre manuscrit est donc de la fin du XVIᵉ siècle et du début
du XVIIᵉ.

> *Or, prions Dieu omnipotent*
> *Qu'envers nous il soit débonnaire.*
> *Que des citoyens de Nogent*
> *Il ait tousiours bonne mémoire*
> *Et qu'en ce monde transitoire*
> *Nous doint nos désirs accomplis*
> *Et qu'en la fin ayons la gloire*
> *Lassus es cieux en paradis.*

Ce n'est que justice, et vous le sentez bien, qu'en sortant de leur église nous ayons un mot de remerciement pour les Nogentais. Laissons nos bergers tout à leur joie, aussi bien vont-ils tout à l'heure saluer les Mages, chanter encore quelques Noëls, emplir le lieu-saint de leur enthousiasme et alors, Messieurs, il nous faudrait presque tout entier faire le récit de cette nuit qui ne s'oubliera de sitôt, vous dire toute la naïveté, toute l'originalité, tous les tours gracieux de ces pensées parties d'un premier jet du cœur, sans feinte, sans apprêt. Oh ! ce ne sont pas des modèles de lyrisme et notre Parnasse français n'y aura rien gagné, mais c'est une source de sentiments si délicats, tel ce Noël dialogué entre Adam et la nature ; celle-ci est attristée de la condamnation qui pèse sur elle ; soudain elle a entendu chanter Adam, elle l'apostrophe :

> *Adam, Adam, d'où vient ceste folie*
> *Que vous chantiez et vous dussiez gémir ?*
> *Le rossignol chante sur la ramée*
> *Mais en cage, il ne fait que languir.*

Et Adam de répondre :

> *Si je chante, ma très loyalle aimée,*
> *J'ai eu cause lors de me resiouir,*
> *Car j'ai vécu tout le temps de ma vie*
> *En larmes, en pleurs, en doulleurs et en cris.*

Adam semble faire connaître que le Sauveur promis est né mais la nature tout endolorie ne veut rien comprendre :

> *Quand est de moy je suis la désolée,*
> *Bannie d'amour frustrée de mon amy,*

Nature suis humaine, ainsi nommée,
Desplaisante et remplye d'ennuy.

Il le faut, Adam va révéler le secret de sa joie :

Mon doulx enfant, ma fille bien aymée,
Doresnavant pensez vous resiouir,
Car votre amy est né ceste nuitée
Il est venu pour vous prendre à mercy.

Alors la nature heureuse se donne toute à la joie :

Ie chanteroi en l'honneur de Marie
Qui a porté ce bel enfant ici
Mon vray espoux, mon soulas et ma vie,
Tout mon espoir, ma ioie et mon désir,
Tous mes habitz de vert floriz
Ie porteroi ceste nuitée
Et de morquin, de bureau et de gris.

Quelle délicatesse de sentiments ! Quelle tendresse de cœur,
ai-je à vous le faire apercevoir ? et cette protestation d'attache-
ment à la Vierge n'est-elle pas inspirée :

Les mariniers n'adorent qu'un beau jour,
Quand pleins d'espoir s'en vont courir fortune
Et moi, picquè d'une plus saincte amour,
Pour me guider, je n'en implore qu'une.
Les Portugais admirent la valeur
Et les couleurs des perles de l'Indie
Et ie ne veux aimer autre blancheur
Que le beau lis que nous produit Marie.

Et ce gracieux Noël :

J'ay ouy, j'ay ouy le chant des oisillons
Chantant ensemble aux bois à millions.
Un rossignol de Dieu, ainsi le croy,
Disoit : venez chanter avec moi
Noël, Noël, Noël soubz la ramée.

Ce rossignol disoit en ses chansons :
Toutes les eaux, la mer et les poissons,
Venez, venez, un chacun à part soy,
Venez donc tost chanter avec moy
Noël, Noël, Noël soubz la ramée.

Je ne puis vous citer les dix couplets qui suivent, et à mon vif regret ; après avoir fait appel à tous les représentants de la société, empereur, roi, baillis, prévost, bourgeois, marchands, artisans, laboureurs, soldats et bergers, après avoir convié « Pape discret et tous ses cardinaux, tous archevesques, evesques et légaux, prestres, curés, prédicateurs de foy », le poète termine par ce coup droit :

Vous, usuriers, gens de mauvaise foy,
Vous qui n'avez ne Dieu, ne foy, ne loy,
Ie vous hais tous, n'approchez pas de moy ;
Ne venez point chanter avec moi
Noël, Noël, Noël soubz la ramée.

Ces dernières lignes à côté des premières si fraîches, si joyeuses nous révèlent un deuil dans cette belle fête de Noël, car ce jour est celui des grandes échéances de l'année et les usuriers ne l'oublient pas : « Trop souvent, dit un prédica- « teur, le jour où l'Enfant Jésus a pleuré ils font pleurer les « autres. »

IEN que tous ces Noëls ne traitent pas à fond le sujet de la naissance du Christ, tous y reviennent indirectement ; l'un parlera du mystère de l'Annonciation, l'autre racontera les miracles principaux du Christ, celui-ci dira les fiançailles de Marie, celui-là chantera l'Immaculée-Conception et répondra aux attaques des hérétiques contre la Vierge ; on vous apportera les motifs et les raisons de convenance de l'Incarnation, on vous fera voir le Christ s'offrant en holocauste à son Père et tout le recueil sera entremêlé

de pensées et d'expressions dont la variété le fera jusqu'à sa
fin parcourir sans arrêt (1).

Sans arrêt, que dis-je ? J'oublie que presque chaque en-tête
de Noëls est encadré d'un admirable travail qui nous rappelle
la belle époque du symbolisme des xiiie et xive siècles ; c'est la
transformation. L'artiste copie la nature ; il y a des portraits
extraordinairement fins. Nous sommes tentés de le croire, le
dessinateur a voulu se représenter lui-même ; dix et douze fois
nous retrouvons le même profil au nez arqué, aux traits sail-
lants ; on dirait une photographie reproduite en signature de
chaque chef-d'œuvre : autour de lui, dans les enroulements
capricieux du feuillage, des rinceaux, des arabesques, s'agitent
et s'enroulent les dragons ailés, se perchent les oiseaux, se
suspendent les fleurs et les fruits, et le tout sert d'encadrement
à des initiales d'un goût, d'une finesse et d'un art dont auraient
le droit d'être jaloux nos meilleurs maîtres d'aujourd'hui, surtout si nous leur présentions ces deux tableaux dont l'un nous
fait extasier devant l'ange avec ce berger jouant de sa busine
pendant que l'autre saute par-dessus son troupeau pour aller
annoncer la grande nouvelle. Et toutes ces pages avec le semis
d'or et d'argent, de vert, de rouge et de safran avec leurs couleurs vives donnent à notre manuscrit une valeur qu'il n'eut pas
acquis par son écriture, si soignée qu'elle paraisse, ou par
l'originalité de sa littérature.

De la musique de ces chants nous n'avons qu'un mot à dire
nous la connaissons peu. Nous savons que le premier, comme
d'ailleurs ceux qui tiennent la tête de chaque recueil, est timbré
sur notre hymne de l'Avent, *Conditor* ou *Creator alme siderum ;*

(1) Nous ne connaissons actuellement de notre recueil que deux Noëls
publiés. Le douzième

> *Chantons, je vous en prie*
> *Et nous résiouissons*
> *En l'honneur de Marie*
> *Pleine de grand renom.*

ou

> *Or nous dites Marie.* (Quarante strophes).

du recueil de Lucas Lemoigne (1500 à 1520) et le vingt-sixième :

> *Gabriel d'une vollée*
> *Du haut du ciel s'envolla*
> *Droit au pays de Galilée*
> *En Nazareth arriva.* (Dix strophes).

Du recueil de Gaignot (1553), réimprimé par Richelot chez Techener.

que celui de ce Noël si frais, si poétique. « *Or nous dites
Marie* » qui appartient à tous les recueils et serait ainsi plutôt
national que provincial se chante sur l'air que nous avons
appliqué à notre cantique « Bienheureux dites-nous », air gracieux qui se chanta avec tant de perfection dans les belles
séances de musique du prince de la Moskowa (1). Une grande
partie des autres sont indiqués sur des airs absolument pro-
fanes dont il serait inutile d'indiquer ici les titres (2), puisque
en général nous en avons perdu la notation bien que probable-
ment, disons certainement, il doit rester dans nos campagnes
un certain nombre d'airs anciens dont nous ne savons plus
l'origine, parce que, voyageant à travers les siècles, ils ont subi
des altérations ou des rajeunissements, mais qui, à n'en pas
douter, ont servi de mélodie à plusieurs de nos vieux Noëls et
sont rentrés aujourd'hui dans le domaine profane d'où ils
étaient sortis.

Un dernier mot : à qui attribuer la paternité de tous ces
Noëls ? Un cantique à saint Nicolas, introduit presque en tête du
recueil semblerait nous faire croire qu'au moins quelques-uns
sont dûs à la plume de Nicolas Denisot (3) ; la facture de ces
poésies est celle des cantiques dont nous allons parler ; mais il
en est d'autres, et c'est la majeure partie que notre poète ne
peut revendiquer et qu'il nous faut nécessairement attribuer à

(1) Napoléon-Joseph, général et compositeur, fils du maréchal Ney (1803-
1857). L'air indiqué ici par Weckerlin dans sa *Chanson populaire* est dif-
férent de celui donné par Roques au même Noël ; il le reporte à cet autre :
Nous voici dans la ville, avec une variante finale.

(2) Nous en citons quelques-uns : *Le mari boiteux de Vénus ; — Enfin
celle que j'aime tant ; — Adieu nymphes des bois ; — Es-tu encore en
vie ; — A Paris i a une fille ; — La ceinture que j'ai ceinte ; — O la hé
bergerette ; — Fari ron la la le ra lon la ; — Et du muguet et du muguet encore ; — Ha gentil marinier amenez-moi à rive*, etc.

(3) Une publication petit in-12, papier vergé, tirée à cinquante exemplaires
se vendait au Mans chez Lanier, en 1847, sous le nom de *Noelz par le conte
d'Alsinoys. — Autres Noelz sur les chants de plusieurs belles chansons.* — Nous n'avons pu nous les procurer, cette édition étant depuis
longtemps épuisée. Le manuscrit de la Bibliothèque du Mans contient quelques Noëls qui ne sont pas dans l'édition de 1847. En tous cas aucun des
Noelz de Denisot n'a pu être identifié avec ceux que nous possédons, d'où il
ne s'en suit aucunement que nous ne puissions lui attribuer aucun des nôtres,
mais seulement que nous nous trouvons, à part deux ou trois, vis-à-vis de
Noelz inédits que nous sommes absolument heureux de pouvoir qualifier
de *Noëlz Percherons*.

Reproduction de la miniature servant d'en-tête au trente-sixième Noël
du manuscrit. (D'après une photographie de M. l'abbé Godet.)

des auteurs assez nombreux pour que nous renoncions à
retrouver leurs noms, bien que plusieurs soient des nôtres. Si
obscurs et si oubliés qu'ils soient, ils nous ont laissé une littérature d'une saveur particulière, d'une tournure qui pour ne
pas avoir les formes esthétiques de l'époque, nous laisse pourtant sous l'impression d'un charme, je dirai quasi passionnant,
d'un parfum religieux qu'en vain dans trois siècles on cherchera
dans notre littérature actuelle.

E voudrais, Messieurs, vous entretenir
de la seconde partie de notre manuscrit mais, outre que je l'ai peu étudiée,
je craindrais d'abuser de votre bien-
veillante attention; il me suffira de vous
en donner en quelques lignes un rapide
aperçu, d'autant plus que cette partie,
ayant eu les honneurs de l'impression peut se trouver en bibliothèque.
Imprimée à Paris, en 1553, chez la veuve Michel de La Porte,
avec privilège du Roy, elle est due en majeure partie à la
plume de Nicolas Denisot, alias et par anagramme de ce nom,
comte d'Alsinois (1). Sans nous appartenir, Denisot était né
dans notre voisinage, il était du Mans (2). Peintre, littérateur,
poète, graveur, mathématicien, ingénieur, après avoir servi en
Angleterre de précepteur aux filles de lord Seymour, il revint
à la cour d'Henri II, vécut dans l'intimité de Ronsard, du
Bellay, Remi Belleau, et devint fervent adepte de la nouvelle
école poétique dont il adopta toutes les exagérations. Les douze
Cantiques du premier advènement de Jésus-Christ que nous

____

(1) Jouant sur ce mot François I*ᵉʳ* disait « ce comté d'Alsinois n'est pas
« d'un grand revenu puisqu'il n'est que de *six noix* ».

(2) En faisant naitre ici Denisot au Mans, nous suivons l'opinion commune;
mais nous serions plus portés à en faire un Percheron qu'un Manceau et
voici pourquoi : son père, Jean Denisot, était avocat à Nogent et bailli d'Assé
en Villeray ; il assista en 1558 à la tenue des Etats du Perche ; à cette époque
il habitait donc encore le pays ; or depuis plusieurs années déjà son fils,
Nicolas, était né, puisqu'il publia ses Noelz en 1545 et ses Cantiques en 1552.
Nous ne serions donc nullement étonnés que notre poète eut vu le jour à
Nogent où à Villeray, résidence de son père.

avons sous les yeux en sont une preuve assez convaincante (1).
Composés de vers de quatre, six et huit pieds, très peu de douze,
où l'idée païenne se mêle au sentiment chrétien, nous n'y trouvons du premier au dernier qu'une poésie bizarre et guindée
dont on supporte difficilement la lecture, mais qui, avec la
musique dont elle est accompagnée, se laisse chanter avec
plaisir et se pare ainsi d'un charme qu'elle n'a pas par elle-
même ; chaque cantique a en effet sa notation particulière,
simple, mais bien mesurée, bien harmonieuse et digne plus
que la poésie de faire bonne figure dans nos chants religieux. Dans sa dédicace à *Mademoiselle Anthoinette de
Loynes* (2) *parisienne*, Denisot nous fait savoir qu'il a fait
donner des soins particuliers à la musique de ses cantiques :

*« Recevez donc, lui dit-il, mademoiselle, ce petit témoignage
de ma vertueuse et chrestienne affection et en faictes partici-
pant vostre bon et vertueux mari, monsieur Morel* (3) *qu'avec
toute la France j'admire et vous délectez au plaisir, desrobé
sur vos affaires, de chanter ceste petite musique que simple-
ment iay faict notter à une voix, à cette fin que telle chose se
peult autant chanter en solitude qu'en toute compaignie vertueuse. Adieu ».*

« De Paris, ce 17 décembre 1552 ».

Les odes et sonnets de Etienne Jodelle (4) et Rémi Belleau (5),

(1) Denisot a laissé : *Cantiques et Noels*. Le Mans, 1543. — *Traduction
en quatrains français des distiques latins composés par les trois sœurs
de lord Seymour en l'honneur de Marguerite de Navarre* (1551), et les
Cantiques du premier advènement de J.-C., in-8°, 1553.

(2) Cette famille originaire de l'Orléanais et d'ancienne noblesse est encore
aujourd'hui très brillamment représentée.

(3) Guillaume Morel, né au Teilleul près Mortain (1503-1564), était à cette
époque directeur de l'Imprimerie royale. Ses éditions, savamment annotées,
rivalisent avec celles de Robert Estienne.

(4) Etienne Jodelle est connu : émule de Ronsard, architecte comme presque tous les poètes et littérateurs de cette époque, peintre, sculpteur, il fut
l'ami d'Henri II, qui pour le récompenser de sa « *Cléopâtre captive* » et
surtout le soutenir dans son dénuement, lui fit don de 500 écus. D'Aubigné
nous dit qu'il mourut dans la misère (1532-1573).

(5) Nous n'avons rien a dire de Rémi Belleau qui est notre compatriote et
qui a été l'objet d'une ovation spéciale, il y a quelques années, à Nogent-le-
Rotrou, sa patrie.

deux des sept poètes de la pléiade, un sonnet de Marc-Antoine
de Muret (1), tous à la louange de Denisot, encadrent les cantiques de ce dernier à défaut des enluminures qui donnent tant
de relief aux Noëls qui précèdent (2). Vous donner des échan-
tillons de ces diverses poésies dépasserait notre tâche et lasse-
rait votre patience, nous nous en tenons aux quelques lignes
qui précèdent dans l'espoir que nous avons que ce manuscrit en
entier sera publié quelque jour, au moins en ce qui concerne sa
partie inédite.

Heureux que nous sommes d'avoir fait rencontre d'un recueil
si précieux pour l'histoire de l'art et de la littérature de notre
province, nous ne voulons pas terminer sans féliciter l'aimable
possesseur, M. Glaneur, héritier d'un nom si honorablement
connu à Moutiers et lui-même si apprécié au Havre pour ses
connaissances particulières dans les travaux maritimes, de
l'excellente idée qu'il a eue de rentrer en possession de ce
manuscrit de famille depuis longtemps égaré et de son ama-
bilité de nous en avoir permis l'étude, nous faisant espérer que
peut-être un jour il en enrichira notre Musée Percheron.

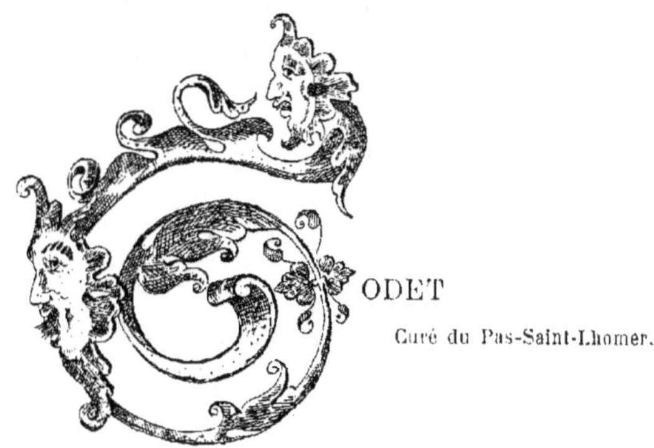

Curé du Pas-Saint-Lhomer.

(1) Marc-Antoine de Muret (1526-1589) né à Muret près Limoges fut obligé
de quitter la France pour des causes peu honorables. Protégé à Rome par
le cardinal de Ferrare (Hippolyte d'Este) professant avec éclat l'éloquence,
la philosophie et le droit civil, il fut surnommé par Grégoire XIII, le *Flambeau et la Colonne de l'école romaine.*
(2) La Bibliothèque du Mans possède un manuscrit des Noëls et Cantiques
de Denisot.

NOTES SUPPLÉMENTAIRES

On nous saura gré, nous n'en voulons pas douter, de donner ici une poésie de Denisot; c'est le douzième et dernier des *cantiques* dédiés à Mlle de Loynes. Denisot y fait la description d'un tableau qu'il a peint sur la Nativité de Notre-Seigneur ; on se fera ainsi une idée du talent poétique de notre compatriote et on comprendra pourquoi le tableau, s'il avait le même mérite que la poésie, n'est pas classé parmi nos chefs-d'œuvres. Il n'y aurait pourtant rien de surprenant à ce que cette vieille peinture se retrouvât en quelque église ou chapelle, et voilà pourquoi nous sommes doublement intéressés à en donner la description faite par l'auteur lui-même.

Nous la ferons suivre, et en cela encore nous pensons être utiles non seulement à nos lecteurs mais aussi à nous-mêmes et à notre manuscrit, de la nomenclature des *Noëls Percherons* en indiquant le premier couplet de chacun d'eux avec le nombre de strophes qu'il comporte donnant ainsi facilité à qui le pourra de nous signaler ceux, s'il y en a, qui seraient connus. De cette manière, si bientôt, et nous l'espérons, nous sommes autorisés à publier ces Noelz, nous éviterons de donner ceux qui par ailleurs auraient eu les honneurs de l'impression.

DESCRIPTION DU TABLEAU

OU EST DÉPEINTE LA NATIVITÉ DE JÉSUS-CHRIST

CANTIQUE XII

Muses, sœurs de la peinture,
Qui m'avez de la nature
Présenté les sainctes lois,
Lors que j'escry au tableau de mémoire
Ou que je peins de nature la gloire,
Qui fait que ma main instable
Excerce dessus la table
Et sur la carte ses doigts,

O combien en ceste chose
Vostre doulceur m'est déclose,
Combien d'heur m'avez vous faict,
En ce tableau que i'achève
Dont la dignité s'élève
Mesme sur le plus parfaict ;
Tant pour avoir telle ordonnance atteinte
Que pour l'honneur de ceste chose peinte.

Sus donc, Muses, ça la plume
Vostre feu desia m'allume,
Resiouis toi mon tableau,
Je veux ors que la terre
Mais bien le ciel qui l'enserre
Puisse contempler ton beau,
Beau qui ne cède à la gloire immortelle
Des vieux tableaux de l'ancien Appelle.

En toi j'ai faict l'ordonnance
De la céleste naissance,
En toy ja le nouveau né
Vient à sa mère apparoistre
. . . .
D'ung œil vers elle tourné ;
Elle l'adore, et d'une main songneuse,
En se couvrant prend sa portée heureuse.

Le dedans de la closture
Est remply d'une ombre obscure
Et n'y a point de clarté
Que celle que l'enfant donne ;
Qui comme ung soleil rayonne
D'un feu partout escorté,
Qui à nos yeux fait voir toutes les choses
Tant dextrement en la closture encloses.

La Vierge à demi baissée
Monstre sa robe troussée
Sur les rains, qui seulement
De ça de là se découvre,
Faicte sans étoffe et œuvre
De céruse seulement ;
Depuis le col un voile pend en terre
Lors qu'à genoux près de l'enfant se serre.

Duquel elle veut, ce semble,
Couvrir l'enfantin qui tremble,
Attendant que le drappeau
Que la bande et bandelette,
Soient prèts pour la chair douillette
L'envelopper de nouveau.
Qui voit la chair de l'enfant, il luy semble
Voir et la neige et les roses ensemble,

Voyez Ioseph ieunne d'aage
Habillé selon l'usage
Des Hébreux. Voyez le peint
Autrement que l'ignorance
Des vieux peintres de la France
Jusqu'ici ne l'avoit feint ;
Voyez la Vierge honnestement coiffée
Non pas frisée, ornée, ou estoffée.

Voyez l'une et l'autre beste
A son Seigneur faire feste,
Voyez que l'asne à genoux
Pardessus l'oreille baye,
Et selon son pouvoir paye
L'honneur que luy debvons tous.
Voyez ce bœuf lequel à gorge pleine
Tasche à pousser jusqu'à luy son alleine.

Au dehors de sa logette
Au froid et au vent subiecte
Voyez ces nues d'argent
Esclairant la nuict obscure,
Ou le Dieu de la nature
Plus d'une clarté nous rend.
Dedans ces nues voyez ces âmes sainctes
De mil et mil et mille couleurs peintes.

Ce sont les immortels Anges
Qui d'immortelles louanges
Vont honorant l'immortel,
Qui d'immortel se faict homme
Afin qu'après il consomme
Son offre sur l'autel.
Voyez son père et à nous égal maistre
Qui en ce coing rasseraine sa dextre.

Ceste lumière céleste
Faict que nous voyons le reste
Comme ceste loge ici,
Que la mousse a tapissée
De iubarbe hérissée,
La gelée et la neige aussi.
Voyez ceste arbre à la racine morte
Dont le sommet un beau fruict nous apporte.

Voyez ceste horrible beste
Ce serpent duquel la teste
Les os aussi sont froissez.
O tableau ! o saincts ouvrages !
Qui doibvent à tous les anges
Pour patrons estre laissez,
Tant le naïf de la vive nature
Est exprimé en la morte peinture.

Allez donc, peintres, ores
Peindre un vieil Ioseph encores
De son baston emparé ;
Allez peindre à la vollée
Une vierge eschévelée
Monstrant un œil esgaré,
Donnez encore à Ioseph la chandelle
Pour obscurcir ceste clarté plus belle.

Puis qu'il fault en telle sorte
La façon ie vous apporte
Qu'on la suive en ceste fois.
C'est le loyer et l'usure
Que la descripte peinture
Peult rapporter à mes doigts,
Doigts consacrés à la gloire immortelle
De Dieu soubz qui tout ce monde chancelle.

PREMIER NOEL

HIMNE SUR *CONDITOR*

(Vingt-et-une strophes)

Au Tribunal de Deité
Où présidoit la Trinité,
Fut consulté le grand procès
Qu'Adam forma par son péché.

II

(Six strophes)

En ceste saincte iournée
De Noël avons receu,
Du Ciel la paix désirée.
Jésus-Christ le Filz de Dieu ;
Lequel a esté conceu
D'une vierge immaculée
Remplye du sainct esprit,
Marie fille de David.

III

A SAINCT NAU

(Dix strophes)

Nous estions en grand esmoy, nau, nau,
Je ne scay, que ce peut estre
Deux autres bergers et moy, nau, nau.
En menant nos brebis paistre,
Du forfaict qu'Adam fist contre son maistre
Quand du fruict il voulut paistre,
Dont il fist péché mortau, nau, nau,
Dont il fist péché mortau, n., n.

Chanteray sans point m'y feindre,
Je n'en daignerois rien craindre ;
Car ce jour est si beau
Nau, nau, nau,
Car ce jour est si beau. (Refrain)

IV

CANTIQUE A SAINT NICOLAS

(Douze strophes)

Sainct iour et feste
De saint Nicolas est.
Nous tous faisons requeste
Qu'ayez un peu d'arrest,
Et selon sa légende
Pour son nom augmenter
Un chant à sa louange
Tous nous orez chanter.

V

(Onze strophes)

Bergers allons pour voir l'enfant
Qui est né de Marie,
Car c'est le pasteur triomphant
De salut et de vie.

VI

(Treize strophes)

Bergers, dansons un rire gay
En riant tout en riant,
Bergers, dansons un rire gay
Pour Marie et son enfant.

VII

(Huit strophes)

Bienheureux fut le beau jour
Que Jésus-Christ print naissance
Lors que par son grand amour
Il nous osta la souffrance ;
Bien heureuse fut la nuict
Que cet enfant fut produict.

VIII

(Treize strophes)

Chantons Nau, voici la feste.
Egayons-nous ;
Qui ne chante à pleine test
Est trop rebours. (Refrain)

Avez-vous presté l'aureille,
Dictes, gentils pastoureaux,
A ce chant, doulce merveille
Des angeliques oyseaux ;
Ce chant qui tant me consolle
Tant est doux,
Que mon cœur de joye en voile
Entendez vous, chantons.

IX

(Dix-sept strophes)

Chantons, ie vous prie
Noël haultement,
D'une voix iollye
En solennisant
De Marie pucelle
La conception
Sans originelle
Maculation.

X

(Huit strophes)

Chantons ce sainct cantique
A la nativité
De Dieu le fils unique
Qui à ce jour est né,
Pour réparer
Le vice ord et infame
Où Adam et sa femme
Nous avoient obligés.

XI

(Huit strophes)

Chantons d'une voix doucette (?)
A l'advènement
De Jésus le Roy de gloire,
Qui vient seurement
Délivrer l'humain lignage
De captivité,
Changeant nostre dur servage
En félicité.

XII

(Quarante strophes)

Chantons ie vous en prie
Et nous résiouissons
En l'honneur de Marie
Pleine de grand renom.

XIII

(Dix strophes)

La glorieuse pucelle
N'estoit pas en une tour
Mais dedans une logette
Où n'y avoit point d'atours ;
Pourtant elle estoit grande dame,
Elle n'avoit ni feu ni flamme
A enfanter ce Noël,
Chantons dong trestous Noël.

XIV

(Onze strophes)

Chantons tous Noël
A ceste grande feste,
Faisons que du ciel
La gloire céleste
Acquérir puissions
Tous à ce Noël ;
Et pour ce chantons
Tous Noël Noël.

XV

(Sept strophes)

(Incomplet, et le suivant manque de ses premières strophes)

Chantons par unité
Noël, Noël, Noël
Au nom du Roy nouvel
En sa nativité.

XVI

(Onze strophes)

Adam, Adam d'ou vient ceste follie
Que vous chantiez et vous deussiez gémir ?
Le rossignol chante sur la ramée
Mais en cage, il ne faict que languir.
De tous les fruicts
Du paradis,
Même du fruict de vie
Par vos péchez vous en estes horsmis.

XVII

(Dix strophes)

De Jésus la nativité
Fut annoncée en vérité
Par toute humaine créature ;
Par l'estre en végétation,
Par le sens et par l'action
Raisonnable par sa nature.

XVIII
(Huit strophes)

David, Iacob, Ezechias,
Chantez : le filz de Dieu est né !
Abraham aussi, Helias
Le mal faict vous est pardonné.
Lors chien dampné
Et condampné
Aux noirs paluz
Est estonné,
Puisque, puisque donné
Nous est salut.

XIX
(Onze strophes)

Doibt-on blasmer
Celle qui a porté
Un filz ?
Qui de mort éternelle
Délivra ses amis.
Ie l'ay aymé et l'aymerai vraiment
Cil qui est né pour nostre saulvement,
Il m'a laissé pucelle
Sans me souiller en rien,
Sa volonté soit faicte
De me faire ce bien.

XX
(Onze strophes)

En Hierusalem fut
Un homme qui nous eut,
Siméon le prophète
Remply du sainct esprit,
Ayant et craignant Christ
Comme sainct fut attesté.

XXI
(Douze strophes)

Enfin le jour est advenu
Que Dieu nous a faict graces,
Et que le Sauveur est venu
En ceste terre basse.
O beau jour amoureux
Jour heureux.

XXII
(Neuf strophes)

Estans sur la verdure
Mes compagnons et moy,
Gardant en la pasture
Nos moutons sans esmoy,
D'une voix angélique nau, nau,
Ouysmes la musique
D'un chant nouveau.

XXIII
(Onze strophes)

En décembre ce joly mois
Ne prenons point mélancolie,
Car en iceluy le Roy des roys
A voulu nasquir de Marie ;
Une pucelle tant jollye
Que Dieu le père a tant aymé,
Que sur toutes il l'a choisie
Parce qu'elle était sans péché.

XXIV
(Seize strophes)

En un logis tout seullet,
Sur du foing mis en litière,
J'ai vu un roy nouvelet
Sans varlet, sans chambrière,
Plorant en telle manière
Qu'il faisoit pitié à tous,
Ie n'entends point la manière
Marie, qu'en dites-vous.

XXV
(Six strophes)

Faictes mes vers, faictes paroistre
Le doux feu qui flambe en mon cœur
Pour celuy qui lui donne l'estre,
Comme souverain créateur ;
Faictes donc voir la saincte flamme
Dont en moy je me sens espris
Quand i'aperçoy que d'une femme
Ce grand Dieu nostre chair a pris (1).

XXVI
(Dix strophes)

Gabriel d'une vollée
Du hault du ciel s'envolla,
Droit au pays de Galilée,
En Nazareth arriva.
Une vierge trouva là
Qui Marie est appelée,
Espouze comme l'on dict
De Ioseph, filz de David.

XXVII
(Dix strophes)

Gentil berger, ouvre l'aureille.
C'est une chose de merveille
Que l'Ange te vient annoncer ;
C'est que le désiré Messie
Vient de nasquir en Béthennie.
Ne veux-tu pas t'en résiouir ?

(1) Ce Noël, en particulier, nous paraît par la facture de ses vers appartenir presque
certainement à Denisot.

XXVIII

(Onze strophes)

O là hé, bergerette !
Veux-tu venir chanter Noël ? (Refrain)

As-tu ouy l'ange Gabriel
Noël, Noël, Noël, Noël,
Qui chantoit un chant si nouvel ?
De la Vierge tant doucette
Est né le Roy éternel.

XXIX

(Dix strophes)

I'ay ouy, i'ay ouy le chant des oisillons
Chantant au boys à millions ;
Un rossignol de Dieu ainsi le croy
Disoit : venez chanter avec moy,
Noël, Noël, Noël soubz la ramée.

XXX

(Huit strophes)

Je ne vois rien si beau
Que le filz de Marie :
C'est mon Dieu, mon Sauveur,
C'est mon sacré flambeau,
C'est le soleil luisant
Lumière de ma vie,
C'est mon tout, c'est mon bien,
Que cet enfant nouveau.

XXXI

(Treize strophes)

Je te salue, Vierge
Et mère de Jésus,
Tu es Royne et concierge
Du règne de lassus ;
Ne permetz que ie meure
Et parte d'ici bas,
Ne permetz que ie meure
Sans me donner soulas.

XXXII

(Vingt-cinq strophes)

Je me suis levé par un matinet
Que l'aube prenoit son blanc mantelet ;
Chantons Naulet Noël Naulet
Chantons Naulet encore.

XXXIII

(Huit strophes)

L'éternel Dieu, lequel fit tout de rien
Vray formateur de toute créature,
Est descendu en ce val terrien
Prendre et vestir nostre humaine nature.

XXXIV

(Six strophes)

Le Dieu qui a formé les cieux
Et toute la machine ronde,
Est descendu de ses haults lieux
Au territoire de ce monde
Pour nous sauver
S'est fait lui-même mortel.

XXXV

(Six strophes)

Les mariniers n'adorent qu'un beau jour
Quand pleins d'espoir s'en vont courir fortune,
Et moy, picqué d'une plus saincte amour,
Pour me guider je n'en implore qu'une.

XXXVI

(Douze strophes)

Laissez paistre vos bestes,
Pastoureaux, par monts et par vaux ;
Laissez paistre vos bestes
Et allons chanter nau. (REFRAIN)

Je m'enquis au berger Naulet :
As-tu ouy le rossignollet,
Tant iolliet qui gringlottoit
La hault sur une espine ?
Ouy, dit-il, ie l'ay ouy.
A donc prins ma busine
Et m'en suis résiouy.

XXXVII

(Sept strophes)

L'œil au boys, qu'on si reveille
Hault l'oreille ;
Plus n'est temps que l'on sommeille,
Pastoureaux. (REFRAIN)

Attraquer vous fault musettes,
Busines et tabourins
Et de nombres chansonnettes
A haulte voix par loppins ;
A vos moutons laissez garder
Campagnades
Il nous fault faire gambades
A plain sault.

XXXVIII

L'ANGE DU CIEL

(Sept strophes)

J'ay ouy chanter
Vers Béthennie.
Jamais n'ouistes raconter
Telle harmonie ;
Tout aussi tost que ie l'ay ouy chanter
Incontinent mes brebis ay laissez ;
Anges, archanges, chérubins, séraphins
Menez grande ioye pour l'amour du Daulphin.

XXXIX

(Douze strophes)

Menous tous résiouissance
Il est jour ? Non est ? Sy est.
Sathan n'a plus de puissance ! bon, bon,
N'est-il pas encore jour, non ! non !

XL

(Huit strophes)

Noël tout d'un accord chantous
En la nativité de Jésus-Christ,
Et en ioeuseté
Levons nos cœurs
Et nous résiouissons
En grand solennité.

XLI

(Dix strophes)

C'est pour réparer l'offence
Que nostre premier parent,
Par une folle crédence
Avoit creu au faux serpent

(Incomplet par le commencement et la fin)

XLII

(Strophe unique)

Reveillez vous, gentilz pasteurs
Et bergères jollies,
Voici le Seigneur des seigneurs ;
Ne soyez endormies.
Ha voici le Sauveur,
Bergerette jollie.

XLIII

(Huit strophes)

O engeance vipérine,
Voudriez-vous donc forcer
Ou quelque chose advancer
De la volonté divine ;
Non vous ne le pouvez pas
Vous ne perdez que vos pas.

(Incomplet)

Bellême, imp. G. Levayer, 4, place au Blé

Bellême (Orne), imprimerie de G. Levayer, 4, place au Blé

www.ingramcontent.com/pod-product-compliance
Lightning Source LLC
LaVergne TN
LVHW011511180726
843503LV00008BA/3800